U0115696

我是不白吃 著

不白吃漫话山海经 北山经

湖南文艺出版社
HUNAN LITERATURE AND ART PUBLISHING HOUSE

博集天卷
CS-BOOKY

序言

　　《山海经》包含了天文、地理、神话、宗教，甚至各类动植物和矿产等诸多方面的内容。书中那些用神话的眼光看待世界的文字，是华夏民族早期的"文化遗产"，那些对于山川日月、神人异兽、生死超脱的理解，是独属于我们民族的文化瑰宝。

　　在很多人的印象中，《山海经》是一部关于神话传说的奇书、怪书。假如用一些关键词来定义《山海经》，那我们既可以称之为华夏诸神志、洪荒地理图，又可以称之为巫术祀典、志怪故事集、本草图典、矿物图谱，甚至可以称之为上古动植物食用指南。

　　众所周知，中华民族是勤劳、智慧的民族，但从某种意义上说，也是一个爱吃、会吃的民族。

　　古人讲"民以食为天"，绝对不是说说而已，面对《山海经》中的奇珍异兽，古人也曾畅想，如果把它们抓来做成食物，会是什么味道。书中记载了许多或奇形怪状，或憨态可掬，甚至凶神恶煞的动物，在记录完这些动物的栖息地、形貌特点等信息后，常会加上一句，食之如何如何，将它们的疗效记载得明明白白。我们看得出，食疗在上古时期就已经风靡，也不得不佩服古人"神农尝百草"的精神。

　　鲁迅先生儿时便将《山海经》奉为最心爱的宝书。不知道儿时的他翻阅《山海经》的时候，是不是也一边欣赏着奇珍异兽，一边宛如在看美食地图。

不过《山海经》通篇都是古文，晦涩难懂，还有许多生僻字，阅读起来并不容易，如果想要了解这本上古奇书，不如先翻开《漫话山海经》。

不白吃是动漫界的网红美食家，他穿越到《山海经》描绘的年代，带领大家游历《山海经》的绮丽世界。这本书的设计生动可爱，画面丰富多彩，故事搞笑幽默，把神兽的特点用文字和图画表现得活灵活现。不白吃以诙谐幽默的表达方式，生动活泼且接地气的语言，像讲故事一样讲述《山海经》，很有画面感。这本书情节有趣，可以说是一种脑洞大开的《山海经》新说，也可以说是不折不扣的漫画版"舌尖上的《山海经》"。

大家可以开开心心地跟随不白吃，进入那个神奇的上古神话世界，一边认识奇珍异兽，一边逛吃，逛吃，逛逛吃！

（又及：本书的故事情节和怪物形象，均为把根据《山海经》原文内容进行改编，与现实情况无关。《山海经》里关于食用动植物的传说固然有趣，但在现实生活中，我们要禁止捕食野生动物哟！）

中国电影家协会会员
中国电影文学学会会员　韩笑
北京电影学院动画学院教授

第三卷 北山经

北次二经

不白吃走过的山：

县雍山—钩吾山—梁渠山

超级神兽园

离开了狱法山，不白吃来到了北方第二列山系的县（xuán）雍（yōng）山。

这座山上遍地是玉石，山下有着丰富的铜矿。

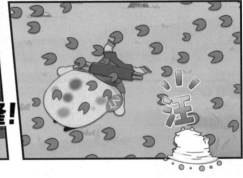

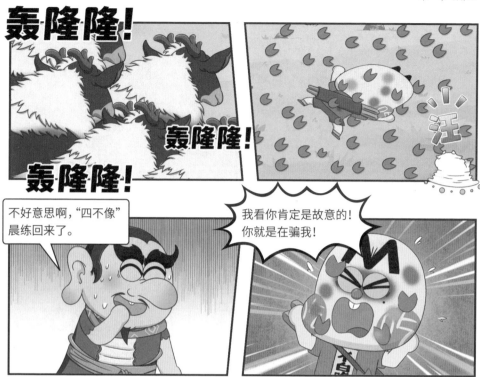

它有一身火红火红的鳞甲，能上天入海，吼声震天，威武雄壮！

啊！

该不会是神龙吧?!

什么?！这么小的鱼是镇园之宝?

哎呀，我要是有神龙，还在这儿上什么班啊！你是不是傻！

你是不是傻！

你是不是傻！

哈哈哈，你先不要生气，我来介绍一下。

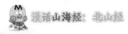

这种鱼叫鮆（jì）鱼，它们发出的声音很像在斥责别人。

jì
鮆
yú
鱼

你不要介意啊！

这有什么好看的！我花钱看一群小鱼骂我？

你是不是傻！

你是不是傻！

你是不是傻！

它们虽然不好看，但好吃啊，吃了还能治狐臭呢！

狐臭克星

你要是执意要退票，那我只好亲自为你表演一个蛟龙碧海戏珠！

蛟龙碧海戏珠

这哪是什么蛟龙碧海戏珠……

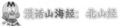

算了，我看你这么坦诚，给你点建议吧!

你这里有驴有鸡，还有鱼，风景也不错，不如开个农家乐。

mí
麋 lù
鹿

· 《山海经》 县雍山 ·

山神

shān
shén

《山海经》北次二经

不白吃的山海图鉴

县雍山

原文 又北五十里，曰县雍之山，其上多玉，其下多铜，其兽多闾①麋②。

注释 ①闾：兽名，即羭（yú），似驴而歧蹄，有像羚羊一样的角，又名山驴。②麋：麋鹿。

译文 再往北五十里，是县雍山。山上有丰富的玉石，山下多产铜，山中的野兽大多是山驴和麋鹿。

白翟

原文 其鸟多白翟①、白鹬②（yǒu）。晋水出焉，而东南流注于汾水。

注释 ①白翟：白色的长尾山雉。②白鹬：白翰雉。

译文 这里的禽鸟以白色的野鸡和白翰鸟居多。晋水从这里发源，然后向东南流，注入汾水。

鮆鱼

原文 其中多鮆鱼，其状如儵①（tiáo）而赤麟②，其音如叱，食之不骄③。

注释 ①儵：通"鲦"，小鱼。②麟：通"鳞"。③骄：或作"骚"，狐臊臭，腋下汗液有特殊臭气。

译文 水中生长着很多鮆鱼，形貌像鲦鱼，却长着红色的鳞甲，鸣叫之音如同人的斥责之声。食用了它的肉，可使人体不再散发臊臭气味。

闾

闾又叫羭、山驴，似驴而歧蹄，像羚羊一样长着角，喜欢在山崖险峻之地跳跃。

清 汪绂图本

第二章 钩吾山

超级吃货饕餮

在县雍山的农家乐饱餐了一顿后，不白吃来到了钩吾山。

这里住着传说中的凶兽狍（páo）鸮（xiāo），它还有一个广为人知的名字：饕（tāo）餮（tiè）。

相传几千年前，黄帝和凶恶的蚩尤在涿鹿大战……

在这场战争中，黄帝最终获胜，成为华夏之祖。

相传蚩尤的头颅被砍下，变成了贪婪凶残的饕餮。这个凶兽长着羊的身子、人的脸，眼睛长在腋下，还有老虎一般的牙齿。

天哪，这山上有饕餮，他该不会要吃人吧！

好笨，好笨，好笨，我真的好笨呀！

嗯？怎么听到有婴儿的声音！

啊！我的天！

传说饕餮发出的声音就像婴儿的声音，这该不会是饕餮吧！

趁他还没发现我，快溜吧！

所以你能帮我吗？

我倒是想帮，可我也不会治狐臭啊！

等等，狐臭？

这是上次县雍山山神送我的鮆鱼。

鮆鱼

吃了它就能治好你的狐臭！

真是太感谢啦！

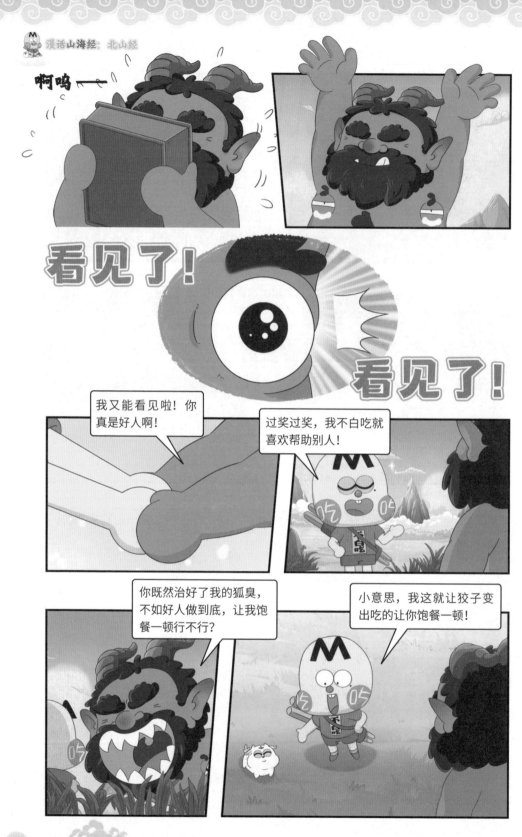

凭什么我就输定了！难道就因为我长得帅吗？

狡子，把美食变出来吧！

据说贪吃的饕餮会吃掉自己的身体，因此古人将饕餮视为贪婪的象征。

不白吃的山海图鉴

钩吾山

原文 又北三百五十里，曰钩吾之山，其上多玉，其下多铜。

译文 再往北三百五十里，是钩吾山。山上多产玉石，山下盛产铜。

狍鸮

原文 有兽焉，其状如羊身人面，其目在腋下，虎齿人爪，其音如婴儿，名曰狍鸮①，是食人。

注释 ①狍鸮：即饕餮，传说中贪婪的恶兽。

译文 这里有一种野兽，有着羊的身子，却长着人的面孔，眼睛长在腋窝下，牙齿如老虎的牙齿，指爪像人的手，发出的声音如同婴儿的啼哭声，名叫狍鸮，是能吃人的。

狍鸮

狍鸮又名饕餮，有着羊的身子、人的面孔，眼睛长在腋窝下，牙齿如老虎的牙齿，指爪像人的手，发出的声音如同婴儿的啼哭声，是能吃人的。

清 汪绂图本

清 吴任臣图本

怪物改造医院

这一次不白吃来到了梁渠山，到这里的时候，已经是深夜了。

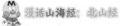

你才是东西呢！我是居暨！

居暨

哼！不要打扰我去吃好吃的！

好吃的？我也去看看。

哇，小吃街啊！

幸福就是正愁没饭吃，眼前就出现了一条小吃街！

老铺肉夹馍

鲜炒菜

八宝酸梅汤

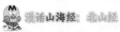

我是从北嚣山过来的改造大师独狢。谁长得奇怪！我只是给自己加上了虎身、狗头、马尾，再加上野猪的鬃毛，分明是完美的身体！

dú yù
独狢

你能给我治疗拉肚子吗？

嗯……小意思！

你拿的是什么玩意儿啊？

貔（pí）貅（xiū）的屁屁啊！

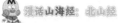

你是这个意思啊，算我理解错了。

跟我来吧！

这又是什么玩意儿？

我的得意之作——嚣！我给这个小家伙加上了猿猴的身体、狗的尾巴，只留了一只眼睛，又给它安上了四只翅膀，是不是很前卫啊？

xiāo
嚣

你这都创造了什么怪物啊！请问这和治疗我的拉肚子有什么关系？

啊？

山居山壑

《山海经》梁渠山

独狢
dú yù

《山海经》北嚣山

梁渠山

原文 又北三百五十里，曰梁渠之山，无草木，多金玉。脩（xiū）水出焉，而东流注于雁门。

译文 再往北三百五十里，是梁渠山。这里无花草树木，多出产金属矿物和玉石。脩水从这里发源，然后向东流，注入雁门水。

居暨

原文 其兽多居暨，其状如彚①（wèi）而赤毛，其音如豚。

注释 ①彚：一种像老鼠的动物，长着赤红色的毛，像刺猬一样。

译文 山中的野兽多是居暨，形貌像猬鼠，却浑身长着赤红色的毛，发出的声音如同小猪在叫。

嚣

原文 有鸟焉，其状如夸父①，四翼、一目、犬尾，名曰嚣，其音如鹊，食之已②腹痛，可以止衕③（dòng）。

注释 ①夸父：即《西山经》的崇吾山所说的举父。②已：停止，这里指治疗、治愈。③衕：洞下之症，腹泻。

译文 这里有一种禽鸟，样子像夸父，长着四只翅膀、一只眼睛，还有狗的尾巴，名叫嚣。它发出的声音像喜鹊的鸣叫声。食用了它的肉，可以治疗腹痛病，还可以治疗腹泻。

嚣

嚣长着四只翅膀、一只眼睛，还长着狗的尾巴，发出的声音如同喜鹊的鸣叫声。食用了它的肉，可以治疗腹痛病，还可以治疗腹泻。

明 蒋应镐图本

清 汪绂图本

第三卷 北山经

北次三经

不白吃走过的山：

太行山—马成山—阳山—发鸠山—绣山

愚公移山有妙招

离开了梁渠山后，不白吃来到了北方的第三列山系。

终于来到新的山系啦！

咦？这里怎么有两座山？

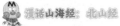

你这小黄秃头也太弱了！

谁说我弱？！

这是太行山的䝴（hún），长着马尾、鸡爪，头上有四只角，就喜欢原地转圈儿，人送外号"小旋风"。

hún
䝴

一分钟后

啊！

呀！

纹丝不动

你们只有两条腿的怪物真是弱，哈哈哈！

你这副样子也好意思说别人是怪物！

大家齐心协力把路开呀!

什么情况？！

山上是谁啊？大早上搞装修吗？

吵死啦！

我是这王屋山的山神，你们在山上敲什么呢？我要告你们扰民！

哎呀，不好意思，我们马上就完工！

完工？完工是不可能完工的，这辈子都不可能完工！

啊？什么意思？

我要把这挡路的山……

整个挪走！

你要移山?!

你确定要把这座王屋山移走吗?

你知道王屋山有多大吗?

格局又小了吧,一座山哪够移啊!

隔壁的太行山也很碍事,我要顺手把它也移走!

太行山

你要移两座山?!

子子孙孙不停地干下去，一定能将王屋山、太行山移走！

你认识我？那你要不要和我一起干？咱们签个长期合同，子子孙孙世代合作，从早干到晚，从小干到老，终生快乐"007"①！

啊？你竟然是愚公！

①007：指007工作制，即每天0点上班，次日0点下班，每周工作7天。——编者注

就这样，山神把想要搬山的事情汇报给了天帝，天帝果真派了两个大力神搬走了太行、王屋两座山，从此愚公一家出门再也不用翻山绕远了。

bēn
鵗

《山海经》太行山

太行山

原文 北次三经之首曰太行之山①。其首曰归山，其上有金玉，其下有碧。

注释 ①太行之山：即太行山，古时又叫"太形山"，或"五行山"，号为天下之脊。

译文 北方第三列山系的第一座山，叫太行山。太行山的首端叫归山，山上有金属矿藏和玉石，山下出产碧玉。

䮝

原文 有兽焉，其状如麢（líng）羊而四角，马尾而有距①，其名曰䮝，善②还③（xuán），其名自訆④（jiào）。

注释 ①距：鸡的足爪。②善：喜好。③还：当"旋"解，旋转，回旋，舞动。④訆：同"叫"，大声叫唤。

译文 这里有一种野兽，形貌像羚羊，却有四只角，长着马的尾巴和鸡的爪子，名叫䮝。䮝喜欢回旋舞动自己的身子，发出的叫声就像在呼叫自己的名字。

鶹

原文 有鸟焉，其状如鹊，白身、赤尾、六足，其名曰鶹，是善惊，其鸣自詨①（xiào）。

注释 ①詨：呼叫，呼唤。

译文 这里还有一种禽鸟，模样像喜鹊，却有着白色的身子、赤红色的尾巴，还长着六只脚，名叫鶹。这种鸟容易被惊吓，鸣叫之声就像在呼唤自己的名字。

䮝

䮝的形貌像羚羊，却有四只角，长着马的尾巴和鸡的爪子，喜欢回旋舞动自己的身子，发出的叫声就像在呼叫自己的名字。

明 蒋应镐图本

清 吴任臣图本

天马是马还是狗？

今天不白吃来到了北方第三列山系的马成山，这座山上有很多带有漂亮纹理的石头和各色美玉。

哇！好漂亮的石头啊！

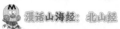

是啊！你看它们有的大，有的小，还长着翅膀，加上"天马"这么有仙气的名字，帅飞了有没有！

tiān mǎ
天马

给你听听天马悠扬的叫声！来！天马们，叫两声！

汪!! 汪!! 汪!!

呃……这天马感觉有点像狗啊！

别急着下结论，我还没介绍完呢！

你看这只藏獒天马，四肢强壮头还大，看家护院不害怕！

再看这只泰迪天马，小巧可人又不胖，潮流前卫离子烫！

汪!!

这怎么能是狗粮呢，这是我们马成山的特产鹍（qū）鹍（jū）做成的压缩饼干。

吃上一口，三天不饿！你要不要试试啊？

怎么看都像狗粮啊！

啊！

汪!! 汪!! 汪!!

你们为啥吐啊？

以我的经验来看，你就是脑袋受到撞击，失忆了。

失忆了？那怎么办？

可能有一种办法，死马当活马医吧！白吃兄，张嘴！

啊呜——

我都失忆了，你还给我吃狗粮啊！

qū
鸲鵒
鸲鵒

《山海经》·马成山

马成山

原文 又东北二百里，曰马成之山，其上多文石，其阴多金玉。

译文 再往东北二百里，是马成山。山上盛产有纹理的石头，山的北面有丰富的金属矿藏和玉石。

天 马

原文 有兽焉，其状如白犬而黑头，见人则飞，其名曰天马，其鸣自訆。

译文 山中有一种野兽，样子像白狗，却长着黑色的脑袋，一看见人就腾空飞起，名叫天马。它鸣叫的声音就像在呼叫自己的名字。

鹝鹝

原文 有鸟焉，其状如乌，首白而身青、足黄，是名曰鹝鹝，其鸣自詨，食之不饥，可以已寓[1]。

注释 [1]寓：指昏忘之病。

译文 山中有一种禽鸟，样子像乌鸦，却长着白色的脑袋、青色的身子、黄色的足爪，名叫鹝鹝。它的鸣叫声就像在呼叫自己的名字。人吃了它的肉，就不会觉得饥饿，还能治疗健忘症。

《山海经》图画赏析

天马

天马的样子像白狗，却长着黑色的脑袋，一看见人就腾空飞起，发出的鸣叫声就像在呼叫自己的名字。

清 吴任臣图本

明 蒋应镐图本

第六章
阳 山

倒霉的快递员

不白吃离开马成山后，一口气走了几百里，经过咸山、天池山，到达了阳山。

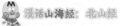

这么顺利吗？不白送快递这么相信我不白吃，我也不能让你们失望。

现在就开工！

来，这个包裹交给我！

我一定把它准时送到客户手上。

出发!

你干吗?

你看起来像头牛,刚好骑着你送快递啊!

我也是快递员!

快递员骑着快递员送快递!你是不是傻呀!

狡子，我们马上就到了，这箱子太沉了！

这箱子里有什么秘密吗？好好奇啊！

咚咚咚

大爷，这是您的快递。

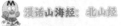

不能拆！不是你的东西，怎么能随便打开呢！

可以拆！难道你不想知道里面装的是什么吗？

对啊！明明是老大爷让我帮着拆的，我这可是助人为乐！

快拆！快拆！快拆！

啊？竟然是一只长着两对翅膀、六只眼睛、三只脚的怪鸟！

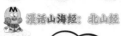

红烧酸与腿

炭烤酸与翅

泡椒酸与爪

哈哈哈！还是我演技好。

第一眼看到酸与的人会倒霉，所以我伪装成盲人，让这个小光头第一个看到了酸与。

摘下

• 禁止捕食野生动物
• 根据《山海经》原文改编

我才能顺利享受到这么美味的酸与，哈哈哈！

酸
suàn
yǔ
与

· 《山海经》 景山 ·

阳山

原文 又东三百里，曰阳山，其上多玉，其下多金铜。

译文 再往东三百里，是阳山。山上多产玉石，山下多产金属矿物和铜。

领胡

原文 有兽焉，其状如牛而赤尾，其颈䯂①（shèn），其状如句（gōu）瞿，其名曰领胡，其鸣自詨，食之已狂②。

注释 ①䯂：肉瘤，脖颈处突出的肉。②狂：癫狂病。

译文 山中有一种野兽，样子像牛，长着赤红色的尾巴，脖颈上有突起的肉瘤，形状如句瞿，名叫领胡。领胡发出的叫声就像在呼叫自己的名字。人食用了它的肉，可以治疗癫狂症。

酸与

原文 又南三百里，曰景山，南望盐贩之泽，北望少泽，其上多草、薯蓣（yù），其草多秦椒，其阴多赭（zhě），其阳多玉。有鸟焉，其状如蛇，而四翼、六目、三足，名曰酸与，其鸣自詨，见则其邑有恐。

译文 再往南三百里，是景山。在山上向南可以望见盐池，向北可以望见少泽。山上有很多草丛，还生长着很多薯蓣。这里的草以秦椒居多。山的北面盛产赭石，山的南面则盛产玉石。这里有一种禽鸟，样子像蛇，却长有四只翅膀、六只眼睛、三只脚，名叫酸与。它的鸣叫声就像在呼叫自己的名字。它在哪个地方出现，哪个地方就会有让人惊恐的事情发生。

酸 与

酸与的样子像蛇，却长有四只翅膀、六只眼睛、三只脚，发出的鸣叫声就像在呼叫自己的名字。它在哪个地方出现，哪个地方就会有让人惊恐的事情发生。

明 蒋应镐图本

清 吴任臣图本

快收了神通吧，精卫！

不白吃遇上酸与后，经历了一整天不好的事情，好在第二天终于恢复了正常。

接着不白吃来到了发鸠（jiū）山，这座山上长着很多柘树。

狡子，好饿啊，找块石头变碗拉面吃吧！

不会吧，这附近连块石头都没有？算了，我先喝点水吧！

咕嘟咕嘟……

什么东西冲我飞过来啦！

狡子，救命啊！快保护我！

瓶子你还要吗？

我叫不白吃，是个美食家。

你好，我是这里的山神。

刚才那只鸟不是收废品的，她是精卫。

这么多年来，发鸠山能被叼走的东西都被她叼走了。唉，这孩子还是不肯放弃啊！

　　就这样，年轻的女娃被海浪吞没，失去了生命。她死后化作一只禽鸟，那就是精卫。

精卫每天从发鸠山叼一些石头和树枝扔进千里之外的东海，日复一日，年复一年，就是为了填平东海。

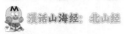

抓走

喂，精卫，等等我！

我要帮助你！

东海

欸，怎么是你？这瓶子你不是不要了吗，怎么还追我追到了这儿？

你千万别误会……

我是来帮你填海的。

看牙刷！ 看拖鞋！ 看平底锅！

大海，我要填平你！

哎哟！

怎么连平底锅都扔出来啦！

135

真没想到在我们心中浩瀚无垠的大海居然会变成这个样子！

我一直愤恨大海曾经夺走我的生命，所以我往大海里扔了这么多年东西。

但今天看到这一幕，我真的想要帮助你们改善海洋环境，把大海里的垃圾清理干净。

一次捡两个瓶子，这得干到什么时候啊！

发鸠山

原文 又北二百里，曰发鸠之山，其上多柘木。

译文 再往北二百里，是发鸠山，山上生长有很多柘树。

精 卫

原文 有鸟焉，其状如乌，文首、白喙、赤足，名曰精卫，其鸣自詨，是炎帝①之少女名曰女娃。女娃游于东海，溺②而不返，故为精卫，常衔西山③之木石，以堙④（yīn）于东海。

注释 ①炎帝：神农氏，传说中的上古帝王。②溺：溺没。③西山：这里指发鸠山。④堙：填，堵塞。

译文 这里有一种禽鸟，形貌像乌鸦，却长着文采斑斓的脑袋，有着白色的嘴巴、赤红色的足爪，名叫精卫。它发出的鸣叫声就像在呼唤自己的名字。精卫鸟原本是炎帝的小女儿，名叫女娃。女娃到东海游玩，溺没在波涛之中没有返回，于是变成了精卫鸟。它常常口衔西山的小树枝和小石子，想以之来填塞东海。

精卫

精卫的样子像乌鸦，却长着文采斑斓的脑袋，有着白色的嘴巴、赤红色的足爪，发出的鸣叫声就像在呼唤自己的名字。

明 蒋应镐图本

清 汪绂图本

绣山皮革厂倒闭啦！（上）

离开了发鸠山，不白吃继续翻山越岭，来到了绣山。

难得遇上一个花繁树茂、风景秀丽的地方啊！

①一条腿的土豪：指后文中出现的乾（gān）山的獂（huán），《山海经》中记述"其状如牛而三足"，这里进行了故事改编，将原形象拟人化为长着两只手和一条腿。——编者注

卖来的钱我全都用来偿还员工的工资了。

现在我就剩下这几双鞋了！

好想拿回我的传家之宝啊！

谁能帮帮我啊？嘤嘤嘤！

破产也不拖欠员工工资，真是个有良心的好老板啊！

狡子，要不你给他变个玉璧出来？

也是，你又不知道玉璧是什么样子的！

买一双吧！给孩子点希望吧！

嗯……有了！

这样吧，你把鞋子都交给我，我帮你把玉璧换回来！

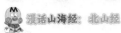

不白吃带着山神的鞋子，翻山越岭，来到了陆山。

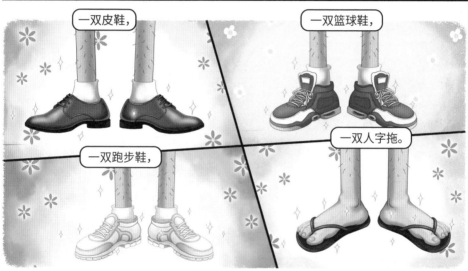

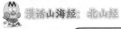

听你这么说，好像有点道理。快把鞋拿来给我试试！

你穿上一定很帅，好期待！

太帅了，一看就是陆山最靓的仔啊！再也不用为换鞋而烦恼了！

不错！我都要了！多少钱？

这话说得，要什么钱啊！

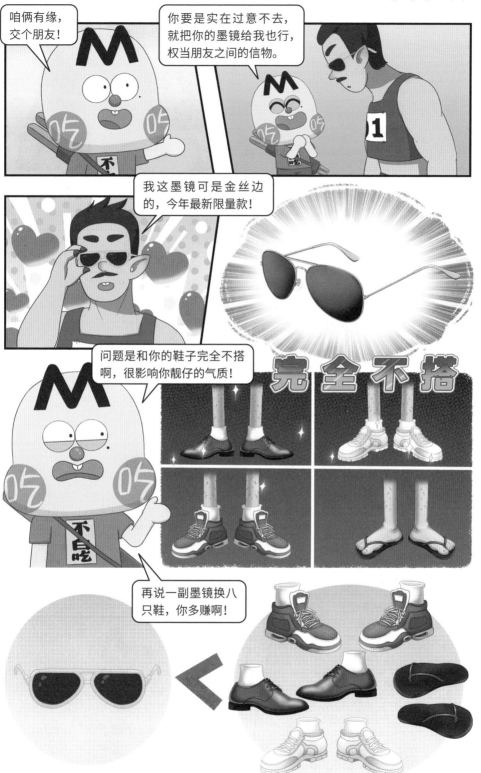

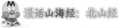

嗯，我也觉得我不戴墨镜会更好看一点！

行吧！墙镜是你的了！

噗！

001

哎呀，多有神的眼睛啊！摘下墙镜，你的气质噌一下就上去了！

话说我还有事，就先走了，咱们以后常联系呀！

001

斗鸡眼山神可太有意思了，刚才我差点就没憋住笑！

这墙镜真不错，我得再去换点什么……

绣 山

原文 又北百里，曰绣山，其上有玉、青碧。其木多枸（xún），
其草多芍药、芎（xiōng）䓖（qióng）。

译文 再往北一百里，是绣山，山上产玉石和青玉。山中的树木
以枸树为多，而花草则以芍药、芎䓖为主。

绣山皮革厂倒闭啦!（下）

话说不白吃用几双鞋子从陆山山神那里换来了一副金丝墨镜，正准备找人继续换点什么的时候，突然遇到了一条正在练舞的大蛇。

那个……限量金丝墨镜了解一下！

我不需要，不要打扰我！一年一度的蛇舞大赛马上就要开始了，我得专心练习！

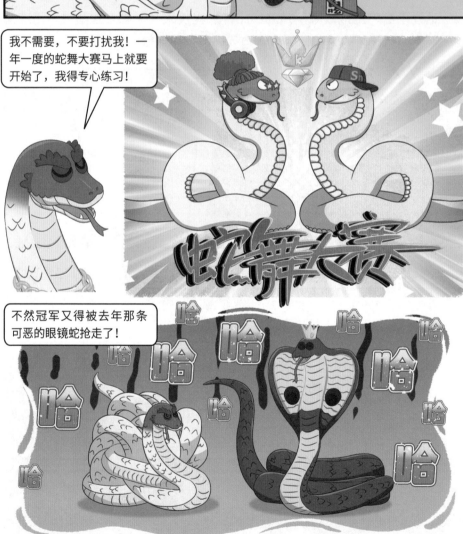

不然冠军又得被去年那条可恶的眼镜蛇抢走了！

①高大上：网络用语，意为高端、大气、上档次。——编者注

别看我眼睛长在脑后，我可是个瑞兽！我出现在哪儿，哪儿粮食就会获得丰收！

看看这金黄色的麦田……

再看看我这金黄色的草帽、金黄色的衣服！目之所及，尽是丰收的颜色！

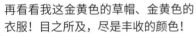

但你这辆破三轮车又不是金黄色的！

破三轮车？

这可是经过我亲手改造的无敌三驱敞篷跑车！

无敌三驱

敞篷跑车

它赛过方程式，跑过秋名山，能连续飘移，可长途越野！

一代战车

有车载冰箱，带零重力座椅，太阳能充电，无限续航！

无限续航

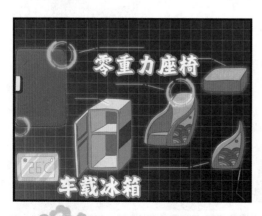

零重力座椅

车载冰箱

你竟然叫它破三轮车！

呃……我的意思是这辆无敌三轮车对你来说太多余了！

和你的金黄主题人设①完全不搭！

正好我这儿有一条金项链，可以勉强和你换换。你要是把它挂在脖子上……

嘿！那可真是凤凰头上戴牡丹——美上加美啊！而且还闪着耀眼金光！

①人设：指人物设定。——编者注

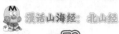

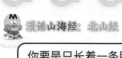

你要是只长着一条腿，走路也不方便！我们獂天生就这样，我有啥办法！

哈哈哈！

哈哈哈！

从小大家就笑话我走路的姿势，嘤嘤嘤！

不哭不哭，其实你只是需要一个代步工具。

你看这辆无敌敞篷三轮车，多炫酷！

哈哈哈，我试试！

dōng
辣
dōng
辣

· 《山海经》 泰戏山 ·

huán

獂

《山海经》乾山

辣辣

原文 又北三百里，曰泰戏之山，无草木，多金玉。有兽焉，其状如羊，一角一目，目在耳后，其名曰辣辣，其鸣自訆。

译文 再往北三百里，是泰戏山，这里没有花草树木生长，多产金属矿物和玉石。山中有一种野兽，形貌像羊，却只长着一只角、一只眼睛，而且眼睛在耳朵后面，名叫辣辣。它的鸣叫声就像在呼叫自己的名字。

獂

原文 又北四百里，曰乾山，无草木，其阳有金玉，其阴有铁而无水。有兽焉，其状如牛而三足，其名曰獂，其鸣自詨。

译文 再往北四百里，是乾山，这里无花草树木生长。山的南面蕴藏有金属矿物和玉石，山的北面出产铁，但没有水流。这里有一种野兽，模样像牛，却只长着三只脚，名叫獂。它的鸣叫声就像在呼叫自己的名字。

辣辣

辣辣的样子像羊，却只有一只角、一只眼睛，而且眼睛在耳朵后面，发出的叫声就像在呼叫自己的名字。

清 吴任臣图本

明 蒋应镐图本

175

枸状山特富村

不白吃终于结束了《山海经》的北方山系之旅，来到了东方山系，第一站他到达的是枸状山。

这……这……

这么豪华的琉璃大牌楼！

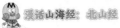

豪华？就是一道平平无奇的门嘛！

这得是啥人家啊！

什么啥人家，这里是枸状村！真是少见多怪，哼！

枸状村？村口就摆着这么豪华的门，那村里得多豪华啊！

哟！这位帅哥怎么称呼？是第一次来枸状山吗？

我叫不白吃，是个美食家。它是狡子。我们是第一次来枸状山。

美食家

哟！我叫从从，是枸状村的村长。

走！我带你进村逛逛！

哇！你们枸状村也太气派了吧，村长大人真是治村有方啊！

哟！过奖过奖，其实我是个瑞兽。

我出现在哪里，哪里就会民生安定，经济繁荣。这枸状村就是因为有我，才成为十里八乡有名的富裕村！

我带你去兜兜风！

等一下！

我有些口渴，这么多西瓜，我要吃两口！

哟！放开那个西瓜皮！

183

真是赤裸裸地炫富！

咦？好大的汤圆啊！还没到元宵节吧！

哟！什么汤圆啊，这是白面足球，弹性好，产量高，是物美价廉的好玩具！

看我技术怎么样！

拿白面做足球？你知道好多地方的人连饭都吃不饱吗？！

哟！吃不饱来我们这儿啊，我们枸状村欢迎各个地方有特长的神兽来工作生活！

我们这儿已经来了很多有特殊本领的神兽了！

你看，他是天气预报员鳙（yōng）鳙鱼！

嘿！我来自橤（sù）蟊（zhū）山。

我能预测潮起潮落。我身上的毛立起来，就表示要涨潮哟！

这个神兽是朏（fěi）朏，他有带给人欢乐的能力！

我是来自霍山的朏朏。有财富不一定快乐，但有我朏朏一定快乐！

有个咱们枸状山本地的神兽来求职啦！他说他有超级厉害的特长！

村长！

好厉害，又是一个人才啊！等下，你说啥？大旱灾？

花草树木枯萎了，粮食绝收了，富足的枸状村变成了一片荒野！

哟！特富村变成穷困村了！

就算是特富村，也不能浪费粮食！别担心，我这就给你找个帮手！

嗖嗖嗖

丁零零

喂？是丰收之神辣辣吗？我是不白吃啊！我旅行到了东方山系的枸状山，这里发生了旱灾，你能过来帮帮忙吗？

没问题！

辣辣到！丰收来！

cóng
从

cóng
从

•《山海经》枸状山•

枸状山

原文 又南三百里，曰枸状之山，其上多金玉，其下多青碧石。

译文 再往南三百里，是枸状山。山上有丰富的金属矿物和玉石，山下则多产青石碧玉。

从从

原文 有兽焉，其状如犬，六足，其名曰从从，其鸣自詨。

译文 这里有一种野兽，形貌像一般的狗，却长着六只脚，名叫从从。它发出的叫声就像在呼叫自己的名字。

蚩鼠

原文 有鸟焉，其状如鸡而鼠毛①，其名曰蚩鼠，见则其邑大旱。

注释 ①鼠毛：或当作"鼠尾"。

译文 这里还有一种禽鸟，样子像普通的鸡，却长着老鼠的尾巴，名叫蚩鼠。它在哪个地方出现，哪个地方就会发生大旱灾。

从从

从从的样子像一般的狗，却长着六只脚，发出的叫声就像在呼叫自己的名字。

明 蒋应镐图本

清 吴任臣图本

蚩鼠

蚩鼠的样子像普通的鸡，却长着老鼠的尾巴。它在哪个地方出现，哪个地方就会发生大旱灾。

清 吴任臣图本

清 汪绂图本

凶兽合体！旱涝保收！

不白吃离开栒状山后，来到了犲（chái）山。

这犲山可真够荒凉的！

你这也太强了，龙王都没你带来的水量大！

甘拜下风！

我也不想这样啊！我很想改变大家对我的印象，其实我很善良的！

哎哟！这还不简单，多做点好事不就行了嘛！

你跟我来！

你看，这片农田好像有点旱。

你才是一坨便便呢！我是来自独山的絛（tiáo）蜽（yóng）。

tiáo
絛
yóng
蜽

我每次出现，村子里都会发生旱灾。大家都说我是凶兽，我就想着做点好事，改变大家对我的印象。

昨天我看见一处农田被大水淹了，就想用自己的特殊能力解决田里的洪涝问题！

什么？！

犲山神兽

《山海经》 犲山

tiáo
鯈
yóng
蟾

《山海经》独山

犰山

原文 又南三百里，曰犰①山，其上无草木，其下多水，其中多堪䝉（xù）之鱼。

注释 ①犰：同"豺"。

译文 再往南三百里，是犰山。山上无花草树木，山下水流遍布，水中有很多堪䝉鱼。

犰山神兽

原文 有兽焉，其状如夸父而彘毛，其音如呼，见则天下大水。

译文 这里有一种野兽，模样像夸父，却长着一身猪毛。这种野兽发出的声音如同人的呼叫之声。它一出现，天下就会发生大水灾。

傜蟣

原文 又南三百里，曰独山，其上多金玉，其下多美石。末涂之水出焉，而东南流注于沔（miǎn），其中多傜蟣，其状如黄蛇，鱼翼，出入有光，见则其邑大旱。

译文 再往南三百里，是独山。山上多产金属矿物和玉石，山下则盛产美石。末涂水从这座山发源，然后向东南流，注入沔水。水中有很多傜蟣，模样与黄蛇相似，却长有鱼的鳍，出水入水时会闪闪发光。它在哪个地方出现，哪个地方就会发生大旱灾。

犲山神兽

犲山神兽的样子像夸父，却长着一身猪毛，发出的声音如同人的呼叫之声。它一出现，天下就会发生大水灾。

清 汪绂图本

鯈鱅

鯈鱅的样子与黄蛇相似，却长有鱼的鳍，出水入水时会闪闪发光。它在哪个地方出现，哪个地方就会发生大旱灾。

明 蒋应镐图本

清 吴任臣图本

215

泰山购物破产记

在中华传统文化中，我国有五大名山，被总称为"五岳"，这五大名山分别是泰山、恒山、嵩山、华山、衡山。

其中风景秀丽、雄伟壮观的东岳泰山号称"五岳"之首，今天不白吃就来到了泰山。

我是泰山山神史泰龙。

我是美食家不白吃。

这不是为了赶时髦嘛，所以起了个英文名。我的中文名叫史大力。

你是因为长着龙头，所以叫史泰龙吗？

呃°°°°°°

话说这泰山啊……

哎，等等！我这次爬泰山，可没带那么多钱，你就不用给我介绍了！

瞧你说得，我们泰山的人热情好客，提钱可就俗了，我免费给你介绍，并且带你爬泰山！

免费？！其实免费不免费无所谓，主要是咱们有缘嘛！

那就出发吧！

爬泰山很累的，超乎你的想象，你确定不买一根爆款登山杖？只要十元。

10元

哼！我不白吃双腿强健，体力充沛，激情满满！

我们年轻人爬泰山，不需要登山杖！

好累啊——

咱们爬了多久了，是不是快到了？

快了快了，已经爬了十分之一了！

啊了?!

我已经双腿发软，体力透支，激情不再了！我觉得我需要登山杖！

那边刚好有卖的！

登山杖 100元 一根

一百元？价格是刚才的十倍！唉，我认了，总比用两条腿爬着省力！

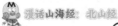

人家从山下运上来也要成本的嘛！羽绒服来一件吗？只要一百元。再往上爬会冷哟！

我不白吃年轻火力旺，怎么可能怕冷！我不需要羽绒服！

我们的泰山之旅已经完成一半了！不白吃，你怎么了？

哎哟哟……泰山上也太冷啦，我需要一件羽绒服！

啊！！羽绒服要一千元一件！

超低价1000元一件

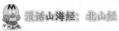

这个不能不买，画面再黑下去，小读者就看不见啦！

啊！我要破产了！

嘤嘤嘤

接下来我们就来到了泰山之行的重要景点——狪（tóng）狪珍珠店。

狪狪珍珠店

特价

来泰山怎么能不给家人朋友带些礼物呢！

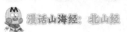

tóng
狪
tóng
狪

·《山海经》泰山·

泰 山

原文 又南三百里，曰泰山，其上多玉，其下多金。

译文 再往南三百里，是泰山。山上多产玉石，山下则蕴藏有金属矿物。

狪 狪

原文 有兽焉，其状如豚而有珠，名曰狪狪，其鸣自訆。

译文 这里有一种野兽，形貌与猪相似，但是体内有珍珠，名叫狪狪。狪狪发出的叫声就像在呼叫自己的名字。

狪狪

狪狪的样子与猪相似，但是体内能孕育出珍珠，发出的叫声就像在呼叫自己的名字。

明 蒋应镐图本

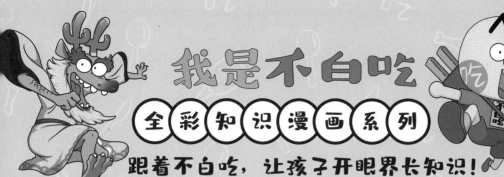

我是不白吃

全彩知识漫画系列

跟着不白吃，让孩子开眼界长知识！

"不白吃话山海经"系列 第一辑

探索《山海经》的奇幻世界，分分钟长知识

"不白吃漫画美食"系列

关于美食的奇妙冷知识，这里都有
激发你的好奇心小宇宙

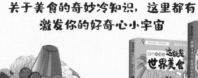

"不白吃漫画名人传记"系列

跨越近千年，与苏东坡交个朋友

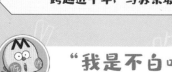 **"我是不白吃，我真是太有文化了！"**

图书在版编目（CIP）数据

漫话山海经 . 北山经 / 我是不白吃著 . -- 长沙：湖南文艺出版社，2024.4
ISBN 978-7-5726-1648-8

Ⅰ . ①漫… Ⅱ . ①我… Ⅲ . ①《山海经》—通俗读物
Ⅳ . ①K928.626-49

中国国家版本馆 CIP 数据核字（2024）第 043068 号

上架建议：畅销·漫画作品

MANHUA SHANHAI JING. BEISHAN JING
漫话山海经 . 北山经

著　　者：我是不白吃
出 版 人：陈新文
责任编辑：张子霏
监　　制：于向勇
策划编辑：刘洁丽
文字编辑：郑　荃
译注统筹：张敏杰
营销编辑：时宇飞　黄璐璐　邱　天
装帧设计：利　锐
封面题字：陆达誉
出　　版：湖南文艺出版社
　　　　　（长沙市雨花区东二环一段 508 号 邮编：410014）
网　　址：www.hnwy.net
印　　刷：北京中科印刷有限公司
经　　销：新华书店
开　　本：700 mm×980 mm　1/16
字　　数：75 千字
印　　张：15
版　　次：2024 年 4 月第 1 版
印　　次：2024 年 4 月第 1 次印刷
书　　号：ISBN 978-7-5726-1648-8
定　　价：59.80 元

若有质量问题，请致电质量监督电话：010-59096394
团购电话：010-59320018